들어 봤니?
이런 철학자들

수재나 라이트 글·그림 | 이승숙 옮김

들어 봤니? 이런 철학자들

초판 1쇄 2025년 3월 28일
글·그림 | 수재나 라이트
옮긴이 | 이승숙
펴낸이 | 조영진
펴낸곳 | 고래가숨쉬는도서관
출판등록 | 제406-2006-000090호
주소 | 서울시 서대문구 연희로 41다길 13. 바우하우스 2층
전화 | 02-6081-9680
팩스 | 0505-115-2680
블로그 | https://blog.naver.com/goraebook
이메일 | goraebook@naver.com
편집 | 이규수 김주영

* 값은 뒤표지에 적혀 있습니다.
* 잘못 만든 책은 구입하신 서점에서 바꾸어 드립니다.
* 책의 내용과 그림은 저자나 출판사의 서면 동의 없이 마음대로 쓸 수 없습니다.
ISBN 979-11-92817-72-9 73100

PEOPLE YOU NEED TO KNOW: PHILOSOPHERS
Copyright © HHodder & Stoughton Limited, 2019
Illustrations copyright © Susanna Wright, 2019 First published in Great Britain in 2019 by Wayland Korean edition copyright © Goraebook Library, 2025 All rights reserved.
This Korean edition is published by arrangement with Hodder & Stoughton Limited, on behalf of its publishing imprint Wayland, a division of Hachette Children's Group, through Shinwon Agency Co., Seoul.

제조국명 : 대한민국 | 제조자명 : 고래가숨쉬는도서관 |
사용 연령 : 10세 이상
KC마크는 이 제품이 공통안전기준에 적합하였음을 의미합니다.

차례

철학 4
가르기 바차크나비 6
공자 8
소크라테스 10
플라톤 12
아리스토텔레스 14
히파티아 16
르네 데카르트 18
이마누엘 칸트 20
메리 울스턴크래프트 22
게오르크 빌헬름 프리드리히 헤겔 24
쇠렌 키르케고르 26
프리드리히 니체 28
엠마 골드만 30
에인 랜드 32
해나 아렌트 34
시몬 드 보부아르 36
프란츠 파농 38
뤼스 이리가레 40
에이드리언 파이퍼 42
자밀라 히베이루 44

용어 설명 46
찾아보기 48

철학

'철학(philosophy)'이라는 말은 고대 그리스어에서 나왔어요. '사랑'을 뜻하는 '필로(philo)'와 '지혜'를 의미하는 '소포스(sophos)'가 합쳐진 말이에요. 따라서 철학은 '지혜를 사랑한다'는 뜻이에요. 여기에서 지혜는 사유 능력을 의미해요. 바로 우리가 생각하는 것, 믿는 것, 진실이라고 여기는 것에 관해 질문하고 그 이유를 묻는 능력이지요. 철학자들은 다음과 같은 큰 질문들을 던져요. "우리가 정말로 무언가를 알 수 있을까?" "우리에게 자유 의지*가 있을까?" "죽은 후에는 어떤 일이 일어날까?" "삶에 의미가 있을까?" "어떻게 하면 행복을 이룰 수 있을까?" "어떻게 하면 더 좋고 더 공정한 사회를 만들 수 있을까?" "우리는 왜 그렇게 해야 할까?"

'철학적 방법'은 철학자들이 이러한 질문들에 대한 답을 찾기 위해 오랫동안 이용해 온 기술이에요. 철학적 방법에는 여러 가지가 있어요. 우리가 스스로 인정한 신념을 의심해 보고(무작정 대중의 생각을 따르지 않게), 질문을 되도록 명확하고 정확하게 만들고, 질문에 답하는 이론을 생각해 내고, 논리를 이용해서 '주장'을 구성하는 거예요. 우리의 이론을 뒷받침하는 명확한 진술들이 바로 '주장'이고요. 이 시점에서, 다른 사람들은 그 주장을 시험하고 이론의 약점을 찾기 위해 애써야 해요. 철학자들은 이 과정을 통해 커다란 질문들과 씨름하며 근본적인 진리를 발견하려고 노력해요.

철학에는 다양한 분야가 있고, 철학의 역사는 전 세계에 뿌리를 두고 있어요. 하지만 이 책에서는 풍요롭고 복잡하며 계속 확장되고 있는 철학 세계에서 겨우 몇 명의 흥미로운 철학자들만 다루고 있어요.

우리가 우리의 세계를 연구하기 위해 사용했던 가장 중요한 학문들 중 많은 것이 철학에서 시작되었어요. 천문학, 물리학, 의학, 사회학, 심리학, 경제학, 언어학은 원래 철학이었어요. 마찬가지로 지금 우리가 과학으로 생각하는 것도 철학의 한 분야였지요. 철학은 우리가 우리의 행성, 우리의 마음, 우리의 감정, 우리의 신념, 살아가기 위한 우리의 체계, 무엇이 좋고 나쁜지에 관한 우리의 이해를 연구하도록 이끌어 왔어요. 그리고 이러한 연구들을 하는 동안 우리가 인지해 왔던 것 중 어떤 것이 '진짜'인지, 그리고 '진짜'가 의미하는 것이 무엇인지 궁금해하도록 안내해 왔고요. 철학은 존재하는 것이 무엇을 의미하는지 그 핵심으로 들어가는 모험이에요.

* 자유 의지 – 외부의 구속이나 제약을 받지 않고 어떤 목적을 스스로 세우고 실행할 수 있는 내적 욕구.

가르기 바차크나비

기원전 7세기

>  나는 두 가지 질문으로 당신을 넘어뜨리겠습니다.

가르기 바차크나비는 전통적 사고에 도전한 인도 철학자예요. 가르기는 『베다』에 대해 잘 알고 있었어요. 베다는 힌두교의 가장 오래된 가르침을 보여 주는 고대 인도의 경전으로, 『리그베다』, 『야주르베다』, 『사마베다』, 『아타르바베다』의 네 가지가 있어요. 이 네 가지의 베다는 힌두교의 신성한 4대 경전으로 불려요.

인도 동부와 네팔 사이에는 비데하라는 왕국이 있었어요. 이곳의 자나카 왕은 뛰어난 인재들로 궁정을 가득 채우고, 그들을 '아홉 개의 보석'이라고 불렀어요. 이들 중에는 『리그베다』에 많은 찬가를 쓴 가르기가 있었어요. 이 궁정에서 세계 최초로 열린 철학 회의에 가르기도 참여했어요. 이곳에서는 세상에서 가장 현명하다고 여겨지는 야즈나발키아가 왕의 명령에 따라 질문을 받았지요.

가르기가 "하늘 위와 땅 아래에 있는 것, 과거와 현재와 미래를 거쳐 늘 같은 것은 무엇이며, 그것은 무엇에 짜여 있습니까?"라고 질문했어요. 그러자 야즈나발키아가 "우주에 있소."라고 대답했어요. 다시 가르기가 "우주 자체는 무엇에 짜여 있습니까?"라고 묻자, 야즈나발키아가 "불멸의 것이오."라고 대답했어요. 가르기는 불멸의 세계가 무엇으로 만들어졌는지 물었어요. 하지만 "당신의 머리가 떨어지지 않도록" 더는 묻지 말라는 말을 들었지요. 가르기와 야즈나발키아가 나눈 대화는 인도 철학의 기초를 만드는 데 기여했어요. 가르기는 시간과 우주의 본질을 탐구하고 있었고, 그 생각은 존재의 근원에 대한 종교적 가르침을 위태롭게 할 정도로 위협적이었어요.

가르기는 진정한 철학자로, 일반적인 믿음을 초월하여 진리를 추구했어요.

공자

기원전 551년 – 기원전 479년

> " 우리의 가장 큰 영광은 한 번도 실패하지 않는 데 있는 것이 아니라,
> 실패할 때마다 일어나는 데 있습니다. "

공자는 중국의 철학자이자 스승이며 정치가였어요. 분명히 중국 역사에서 가장 영향력 있는 인물일 거예요. 공자는 사회 질서와 평화의 기초를 다지기 위해 교육을 통한 자기 계발이 모두에게 허용되어야만 한다고 강력하게 믿었어요.

큰 혼란과 변화의 시기였던 춘추 전국 시대*에 태어난 공자는 측은지심*과 전통의 가치를 가르치는 것이 자신의 책임이라고 여겼지요. 공자 철학의 핵심은 다른 사람들을 친절하게 인간적으로 대해야 한다는 '인(仁)'의 원칙에 바탕을 두었어요. 공자는 인이 황금률을 통해 증명될 수 있다고 믿었어요. 황금률은 남에게 대접을 받고자 하는 대로 남을 대접하라는 가르침을 이르는 말이에요. 그러니까, 자신이 원하지 않는 것을 다른 사람에게 행하지 말라는 것이었어요.

교육에서 공자는 예법, 음악, 활쏘기, 마차 몰기, 서예, 수학의 여섯 가지 과목인 '육예(六藝)'에 중점을 두었어요. 하지만 공자는 사람들에게 정직하게 행동하라는 것을 가장 중요하게 가르쳤어요. 그래서 지도자들에게 항상 겸손하고 측은지심을 지녀야 한다고 강하게 조언했어요.

공자는 『논어』를 포함한 많은 책을 썼지만 살아 있을 때 자신의 윤리적 가르침이 실행되는 것을 보지는 못했어요. 하지만 그 가르침은 지난 2천 년 동안 중국의 도덕성, 교육, 법, 정치의 핵심이 되었지요.

---

* 춘추 전국 시대 – 기원전 770년부터 진시황이 중국을 통일한 기원전 221년까지를 말함.
* 측은지심 – 인의예지 가운데 인에서 우러나오는 불쌍히 여기는 마음을 일컬음.

소크라테스

기원전 470년 – 기원전 399년

> " 성찰하지 않는 삶은 가치가 없습니다. "

소크라테스는 그리스의 철학자이며, 그 가르침은 서양 세계에 심오한 영향을 주었어요. 아테네에 기반을 두었던 소크라테스는 학생들을 대화에 참여하도록 했어요. 이 대화에서 질문을 통해 학생들이 자신의 논리적 결론을 찾도록 이끌었어요. 이 접근법은 소크라테스의 문답법이라고 불렸어요.

소크라테스는 철학이 실용적인 방법으로 사회를 개선해야 한다고 믿었어요. 그러므로 철학은 종교나 전통에 의해 훼손되지 않는 윤리 체계여야 했어요. 소크라테스는 민주주의도 독재 정부도 아닌, 우리 중에서 가장 도덕적이고 지식 있는 사람들이 정부를 운영해야 한다고 생각했어요. 소크라테스의 제자였던 철학자 플라톤은 이런 '이상 국가'에 대한 소크라테스의 시각을 자신의 책 『국가』에 담았어요.

소크라테스는 사람이 더 많이 알수록 더 이성적이며 더 잘 선택할 수 있다고 믿었어요. 그래서 더 행복해진다고 여겼지요. 이 때문에 소크라테스는 "유일한 선은 앎이고, 유일한 악은 무지입니다."라고 말했어요.

어떤 사람들에게 소크라테스의 가르침은 위협이 되었어요. 소크라테스는 자신을 국가를 괴롭히는 '등에'에 비유하며 국가의 의무를 상기시켰어요. 일흔이 된 소크라테스는 이런 태도 때문에 종교를 존중하지 않았다는 불경죄로 유죄 판결을 받았어요. 그리고 헴록으로 만든 독약을 마시게 되었어요. 비록 탈출할 기회가 있었지만, 도망치지 않았어요. 자신의 처형을 제자들을 위한 마지막 교훈으로 삼았던 거예요. 소크라테스는 친구들에 둘러싸여 고요히 죽음을 맞이했어요.

플라톤

기원전 427년 – 기원전 347년

> " 사고 : 영혼과 영혼이 나누는 대화. "

플라톤은 서양 철학사에서 가장 눈부시고 영향력 있는 인물 가운데 하나예요. 그리스 아테네에서 태어난 플라톤은 소크라테스의 제자였어요. 플라톤은 아테네에 '아카데메이아'라는 최초의 고등 교육 기관을 세우기도 했어요.

플라톤의 책 『티마이오스』에는 플라톤의 사상 중 하나인 형태론(이데아론)이 소개되어 있어요. 플라톤은 본인이 우주에서 본 질서를 설명하려고 했어요. 특히 우주에서 점이 완벽하게 대칭적으로 배열된 다섯 개의 3차원 모양에 영감을 받았어요. 이 다섯 개의 정다면체를 '플라톤의 입체'라고도 불러요. 또한 플라톤은 형태를 영원히 변하지 않는 이상, 즉 이데아로 보았어요. 그리고 존재하는 모든 것은 이데아의 불완전한 모습이라고 여겼고요. 그래서 플라톤은 이 세상에 두 개의 영역이 있다고 믿었어요. 우리가 사는 감각적 세계와 형태(이데아)라는 비물리적 세계예요. 우리가 사는 세계는 끊임없이 변화하지만, 형태(이데아)는 변화하지 않고 영원하지요.

이 사상은 플라톤이 쓴 『국가』(기원전 380년경)에 나오는 '동굴의 비유'에도 반영되어 있어요. 이 책에서 플라톤은 동굴에 묶여 있는 죄수들을 이렇게 묘사했어요. 그들은 동굴 안쪽을 향해 묶여 있어서 인형극이 벌어지는 뒤쪽을 볼 수 없어요. 오직 그들이 마주하는 벽에 드리워진 인형극의 그림자만 볼 수 있지요. 그래서 그들은 그림자를 '현실'이라고 믿지만, 진정한 근원을 알 수 없어요. 이 이야기를 통해 사람은 오직 추론을 통해서만 자신의 잘못된 믿음인 '동굴'에서 벗어나 형태(이데아)에 더 가까워질 수 있다는 것을 알 수 있어요.

플라톤은 철학적 사고를 통해 이데아 상태에 더 가까이 다가갈 수 있고 더 만족스러운 삶을 이룰 수 있다고 보았어요.

아리스토텔레스

기원전 384년 – 기원전 322년

> " 자연의 모든 것에는 경이로운 무언가가 있습니다. "

아리스토텔레스는 '대가'로 알려져 있어요. 형이상학, 수학, 생물학, 윤리학, 정치학, 농업, 무용과 연극 등 자신이 섭렵한 지식의 영역을 혁신한 영향력 있는 최강 지식인이었거든요.

아리스토텔레스는 기원전 384년 마케도니아에서 태어났어요. 그 후 아테네로 가서 플라톤의 '아카데메이아'에서 공부한 다음, 직접 '리케이온'이라는 이름의 학교를 세우기도 했어요. 아리스토텔레스는 학생들을 가르치면서 자유롭게 돌아다니곤 했어요. 그래서 아리스토텔레스와 학생들은 '배회하는 버릇이 있는'이라는 의미의 '소요학파'로 알려졌어요.

아리스토텔레스는 존재하는 모든 것은 다섯 가지 원소로 이루어졌다고 믿었어요. 바로 흙, 물, 불, 공기와 지구 너머 우주에 존재한다고 생각한 물질인 에테르였어요. 모든 물질이 이 원소들로 이루어졌다는 개념은 2천 년 넘게 이어졌어요. 그랬기 때문에 세계를 구성하는 물질에 관한 탐구가 더는 이루어지지 않았어요. 지금은 물질이 전부 원자로 이루어졌다는 걸 다들 알지만요.

아리스토텔레스는 『니코마코스 윤리학』에 우리는 모두 '에우다이모니아'를 추구한다고 썼어요. 이것은 미덕을 발전시켜 이룰 수 있는 '최고의 선'이지요. 아리스토텔레스는 11개의 진정한 미덕을 제시하면서, 지나침과 모자람이라는 두 가지 악 사이에서 완벽한 '중용*'을 이루어야 한다고 했어요. 이렇게 균형적인 행위를 추구하고 미덕을 갖춘 삶을 목표로 해야만 행복을 찾을 수 있다고 주장했어요.

* 중용 – 지나치거나 모자라지 아니하고 한쪽으로 치우치지도 아니한, 떳떳하며 변함이 없는 상태나 정도.

히파티아

355년 – 415년

> "
> 생각할 권리를 지킵시다.
> 잘못 생각하는 것도 아예 생각하지 않는 것보다 낫기 때문입니다.
> "

히파티아가 언제 태어났는지, 그리고 이집트 사람인지 그리스 사람인지 정확하지 않아요. 하지만 아주 뛰어난 사람이었음은 분명하지요. 히파티아는 철학자이자 강사이며 발명가였을 뿐 아니라, 세계 최고의 수학자이자 천문학자였어요. 자신이 태어난 도시인 알렉산드리아에 있는 신플라톤주의 철학 학교의 교장이기도 했어요.

히파티아는 아주 인기 있는 강연에서 자신이 해석한 신플라톤주의에 대해 가르쳤어요. 그건 플라톤과 아리스토텔레스의 가르침, 그리고 신비한 믿음을 융합한 이론이라고 설명했지요. 신플라톤주의는 고대 그리스어권 철학자인 플로티노스(205년–270년)가 만든 이론이에요. 플로티노스는 현실의 모든 것이 '일자'라는 하나의 원리에서 비롯된다고 주장했어요. 우주의 모든 다양성은 일자로부터 흘러나왔고, 구성물과 생명체들은 그것보다 더 작은 조각들로 존재한다는 원리예요. 히파티아는 추상적인 사고와 추론이 사람을 일자에 더 가까워지게 한다고 믿었어요. 그리고 존재하는 것에 관해 더 깊이 이해하려고 행성의 경로와 수학 연구에 헌신했어요. 히파티아는 학생들이 철학에서 비판적으로 생각하도록 이끌었어요.

그러나 히파티아의 글과 발명품 들을 '사악한 마법'으로 여긴 기독교인 폭도들은 매우 잔인하게 히파티아를 살해했어요. 히파티아는 수학과 천문학에 관한 중요한 책들을 많이 썼지만, 알렉산드리아의 유명한 도서관이 파괴되는 바람에 어떤 책도 살아남지 못했지요. 하지만 히파티아는 배움과 진리를 추구한 인물로서 그 유산은 여전히 남아 있어요.

르네 데카르트

1596년 3월 31일 – 1650년 2월 11일

> " 나는 생각합니다, 그러므로 나는 존재합니다. "

데카르트는 프랑스에서 태어난 철학자이자 과학자이며 수학자예요. '근대 철학의 아버지'라고도 불려요. 데카르트는 고독 속에서 생각하는 것을 좋아했어요. 그리고 우리가 우리 자신의 내면을 탐색함으로써 가장 심오한 질문에 대답할 수 있다고 믿었어요.

자연 세계를 이해하는 데 논리와 수학을 적용한 데카르트의 사상은 당시의 관습에서 벗어나 있었어요. 데카르트의 책 『방법서설』에는 유명한 말이 나와요. 바로 '나는 생각합니다, 그러므로 나는 존재합니다.'라는 말이에요. 우리에게는 의식이 있으므로, 적어도 우리가 존재한다는 것을 알 수 있으며, 생각하는 행위가 그것을 확인해 준다는 것이지요. 데카르트는 조금이라도 의심할 수 있는 것이라면 무엇이든 의심하는 과정인 '방법적 회의'를 하려고 했어요. 믿음에 대해 의문을 제기하는 것을 진리 탐구의 출발점으로 본 거예요.

데카르트의 다른 업적 중에는 수학에 혁명을 불러온 데카르트 좌표계가 있어요. 격자* 안의 점에 좌표를 부여해서 사물의 위치를 숫자로 표현할 수 있게 했지요. 또한 데카르트는 사물의 본질을 연구하는 형이상학에 의문을 제기하면서 현실 세계를 관찰했어요. 그런 접근 방식을 통해 데카르트는 마음과 물질의 세계가 다르다는 심신이원론을 생각해 냈어요.

데카르트는 17세기 합리주의 운동의 원동력이었어요. 경험보다는 이성이 우리에게 지식을 쌓을 수 있는 확실한 기초를 제공해 준다고 했어요. 데카르트는 누구도 전통에 의존해서는 안 되며, 영원한 진리는 이성을 통해서만 발견될 수 있다고 믿었어요.

* 격자 – 바둑판처럼 가로세로를 일정한 간격으로 직각이 되게 짠 구조.

이마누엘 칸트

1724년 4월 22일 – 1804년 2월 12일

> " 과학은 지식의 총체입니다. 또한 지혜는 삶의 총체입니다. "

이마누엘 칸트는 18세기의 독일 철학자예요. 18세기는 계몽주의 시대로 유럽에서는 철학자와 사상가 들이 종교나 전통보다 이성과 논리에 초점을 맞추기 시작한 때였어요. 칸트는 이 시기에 많은 글을 썼어요.

1784년에 칸트는 「계몽이란 무엇인가?」라는 글을 썼어요. 이 글에서 계몽 운동과 기독교의 쇠퇴를 연결했지요. 칸트는 종교가 사람들에게 윤리적 지침을 부여한다는 것을 인지하게 되었어요. 그래서 그러한 윤리에 대안적이고 합리적으로 접근해 보려는 열망을 보였어요. 칸트는 계몽주의의 좌우명이 '자신의 이해력을 자기 목적에 맞게 용기 있게 써야 한다.'라고 했어요. 이성을 가지고 주도적으로 윤리를 탐구하라고 했지요. 그리고 칸트는 가장 유명한 개념인 '정언 명령'을 발전시켰어요.

정언 명령은 '사람들이 동시에 행할 수 있는 원칙에 따라서만 행동하면 그것이 보편적인 법이 될 것이다.'라는 개념이에요. 간단히 말하면, 모든 사람이 다 같이 해도 괜찮을 만한 행동만 해야 한다는 거예요. 예를 들어 모두가 서로의 물건을 훔쳐도 괜찮을 것 같다면 당신도 물건을 훔쳐도 된다는 뜻이에요. 칸트는 이것이 어떤 행동이 도덕적인지 판단할 수 있는 강력한 방법이라고 생각했어요.

칸트는 도덕 철학뿐만 아니라 형이상학에 관해서도 글을 썼어요. 형이상학은 철학의 한 분야로, 존재, 현실, 시간, 공간처럼 근본적이고 추상적인 개념을 다루어요. 『순수이성비판』(1781년)에서 칸트는 두 가지 유형의 지식의 차이를 이야기했어요. 우리에게는 각자의 경험을 통해 얻는 지식과, 경험에 의존하지 않고 수학이나 과학 같은 이성 자체로부터 얻는 지식이 있다는 거예요.

메리 울스턴크래프트

1759년 4월 27일 – 1797년 9월 10일

> " 마음에는 젠더가 없습니다. "

메리 울스턴크래프트는 철학자, 작가, 인권 운동가, 교육의 선구자, 그리고 번역가였어요. 또한 페미니스트 운동의 선구적 사상가이자 창시자로도 유명해요.

영국 런던에서 태어난 울스턴크래프트는 자신의 이상처럼 짧은 삶을 살았어요. 울스턴크래프트는 여성들이 교육받을 기회를 늘리기 위해 뉴잉턴 그린에 여성들을 위한 학교를 세웠어요. 또한, 프랑스 혁명 동안에는 프랑스에서 2년을 보냈어요. 개혁이 여성을 위한 긍정적인 변화를 포함해야 한다고 믿었기 때문이에요. 울스턴크래프트는 여성의 선택을 제한하는 사회적 압력에도 아랑곳하지 않고 사랑하는 사람들과 자유롭게 관계를 맺었어요.

울스턴크래프트의 가장 유명한 책은 1792년에 나온 『여성의 권리 옹호』예요. 울스턴크래프트는 책에서 여성이 남성과 평등하며 동등하게 교육을 받을 자격이 있다고 주장했어요. 이러한 생각은 당시에 크게 논란이 되었어요. 양성평등을 반대하는 사람들은 울스턴크래프트를 '페티코트를 입은 하이에나'라고 불렀어요. 울스턴크래프트는 여성과 남성 모두 이성적인 존재라고 주장했고, 공정과 이성을 기반으로 하는 새로운 사회 질서를 상상했지요.

오늘날까지 울스턴크래프트가 여성들의 삶에 미친 영향력은 놀라워요. 1800년대에 울스턴크래프트의 연구는 미국과 유럽의 초기 여성 운동에 영감을 주었어요. 이로 인해 여성들은 남성이 없어도 자신의 재산을 갖고, 자신의 임금을 지키고, 스스로 계약서에 서명하고, 여성 투표권을 갖기 위한 투쟁을 벌였어요. 울스턴크래프트는 다음과 같이 글을 썼어요. "나는 여성이 남성을 지배하기를 원하지 않습니다. 하지만 여성이 여성 자신을 지배하기를 바랍니다."

* 메리 울스턴크래프트의 딸은 소설 『프랑켄슈타인』의 저자 메리 셸리이다 – 편집자 주

게오르크 빌헬름 프리드리히 헤겔

1770년 8월 27일 – 1831년 11월 14일

> 우리는 역사로부터 아무것도 배우지 못한다는 사실을 역사를 통해 배웁니다.

게오르크 헤겔은 독일 슈투트가르트에서 태어난, 독일 관념론의 유명한 철학자예요. 관념론은 칸트 철학에 대한 반동으로 발전했으며 낭만주의와 연결된 철학 운동이었어요. 고전주의의 합리성과 대조적으로, 낭만주의자들은 선견지명, 상상력, 주관적인 개념을 선호했어요.

헤겔은 자신의 책에서 우리가 과거와 미래, 그리고 모순되어 보이는 다른 개념들을 동시에 이해할 수 있게 해 주는 철학적 체계를 만들려고 했어요. 대표작인 『정신현상학』(1807년)에서 헤겔은 모든 것을 하나의 통일된 전체로서, 스스로 완전히 이해하고 인식해야 한다고 주장했어요. 그리고 이것을 절대정신, 독일어로 '가이스트'라고 말했어요.

헤겔은 역사적, 사회적 진보를 선형적*인 것으로 여기지 않았어요. 오히려 진보는 한쪽 끝에서 다른 끝으로 흔들리는 것이고 그 과정에서 양쪽 끝의 아이디어나 자질이 통합되어 더 큰 균형을 이루게 돼요. 헤겔은 대립 간의 이러한 상호 작용을 '변증법'이라는 이론으로 설명했어요. 변증법은 어떠한 인식이나 사물이 정(正), 반(反), 합(合)의 삼 단계를 거쳐 정리된다는 이론이에요. 두 가지가 서로 대립할 때 이 상호 작용은 새로운 것을 발생시킨다는 거예요.

헤겔은 평생 네 권의 중요한 책을 썼어요. 그 책들에서 변증법의 체계를 역사, 철학, 정치, 과학, 예술 그리고 종교 전체에 적용했어요. 헤겔의 책은 많은 사상가에게 심오한 영향을 끼쳤어요. 변증법 사상은 프리드리히 엥겔스와 함께 『공산주의 선언』을 쓴 카를 마르크스에게도 큰 영향을 주었어요. 이 선언은 20세기 정치 지형에 큰 변화를 가져왔어요.

* 선형적 – 선처럼 길게 일렬로 나아가는. 또는 그런 것.

쇠렌 키르케고르

1813년 5월 5일 – 1855년 11월 11일

> " 삶이란 해결해야 할 문제가 아니라, 경험해야 할 현실입니다. "

키르케고르는 덴마크 코펜하겐에서 태어난 철학자이며, '실존주의의 아버지'로 알려지기도 해요. 실존주의는 모든 철학적 사고가 개인, 곧 생각하는 자아로부터 시작된다고 믿는 철학적 접근법이에요. '앙스트(불안 또는 공포)'라는 용어는 키르케고르의 저서에서 자주 사용되었는데, 1843년에 발표한 『공포와 전율』도 불안에 관한 생각에 중점을 두었지요. 키르케고르는 늘 존재와 함께 오는 불안감에 사로잡혀 있었어요. 그건 유명한 정신분석학자인 프로이트의 심리학보다 훨씬 앞선 생각이었어요.

키르케고르는 개인이 객관적인 진실에 반응하여 어떻게 행동하는지가 중요하다고 믿었어요. 어떻게 행동하는지가 사실보다 더 중요하므로, '주관성이 진실이다.'라고 주장했지요.

키르케고르는 여러 이름을 사용해서 그가 동의하거나 동의하지 않는, 다양한 입장의 의견들을 발표했어요. 이것이 키르케고르의 '간접 의사소통'이에요. 키르케고르는 작가의 권위가 독자가 글을 읽고 해석하는 데 영향을 미치지 않도록 노력하고, 독자들이 각자의 생각을 책임질 수 있도록 응원했어요.

키르케고르는 이성적 사고로는 기독교에 접근할 수 없었다고 말하면서도, 기독교의 개념에서 도피처를 찾았어요. 그것은 '신앙의 도약'을 필요로 해요. 키르케고르는 신앙의 본질을 '도약'으로 설명했어요. 합리적으로 생각하는 것을 넘어 존재의 깊은 변화를 이루어야 신앙을 가질 수 있다고 보았어요. 키르케고르는 국가 교회를 싫어했지만, 그리스도에 이르는 각자의 길이라는 개념은 좋아했어요. 그는 종교적 믿음을 '생각하지 못한' 것으로 설명하며 그 안에서 안도감을 찾은 심오한 사상가였어요.

프리드리히 니체

1844년 10월 15일 – 1900년 8월 25일

" 나를 죽이지 못하는 것은 나를 더 강하게 만듭니다. "

니체는 독일의 철학자이며 시인이자 문화 비평가예요. 니체의 연구는 서양 철학과 현대 사상에 지속적이며 두드러진 영향을 끼쳤어요. 특출나게 뛰어난 학생이었던 니체는 20대에 바젤 대학의 교수가 되었어요. 하지만 금방 학교에서의 생활에 지쳐 스위스 알프스로 갔어요. 니체는 그곳에서 권력에 대한 생각, 그리고 긍정적인 삶을 통해 무의미한 존재감(니힐리즘, 곧, 허무주의)에서 벗어나는 방법을 탐구하면서 연달아 역작을 썼어요. 니체의 가장 유명한 책으로 『인간적인 너무나 인간적인』, 『차라투스트라는 이렇게 말했다』와 『선악의 저편』이 있어요.

니체는 44세의 나이에 정신이 붕괴되는 일을 겪었고, 결코 회복하지 못했어요. 길거리에서 구타당하는 말을 목격했을 때 촉발된 정신적 붕괴였어요. 니체는 말을 보호하기 위해 달려가서 "나는 당신을 이해합니다!"라고 외쳤어요. 니체가 죽은 후, 나치 동조자였던 여동생이 니체의 책을 물려받았어요. 그러고는 종종 파시스트 관점에 맞게 편집했지요. 이러한 편집으로 인해 니체의 글들은 나치즘과 잘못 엮이게 되었어요.

니체는 기독교를 비판하는 글을 썼어요. 기독교는 인간을 불의에 직면하지 않고 수동적으로 행동하도록 만드는 '노예 도덕*'을 가르친다며 비난했어요. 기독교도들은 상황을 바꾸려고 노력하기보다는, 현상을 받아들이고 질투심으로부터 벗어나라고 강요받았으니까요. 그러나 니체는 무엇인가를 부러워하는 마음인 질투야말로 우리가 진정으로 원하고 될 수 있는 것을 보여 주는 강력한 지침이라고 여겼어요. 진정한 욕망이 무엇인지 직면하고 그것을 실현하기 위해 싸울 수 있는 사람은 '위버멘쉬', 곧 초인이 될 수 있다고 했어요.

* 노예 도덕 – 군주에게 종속된 노예가 지니는 도덕적 가치관으로, 노예 도덕에서의 선이란 노예가 갖추어야 할 겸손, 근면, 순종 등의 덕목을 의미한다.

옘마 골드만

1869년 6월 27일 - 1940년 5월 14일

> " 만약 선거로 세상이 바뀔 수 있다면
> 그들은 선거를 불법으로 만들었을 것입니다. "

옘마 골드만은 아나키스트 작가이자 활동가로, 아나키스트 철학의 발전에 큰 영향을 끼쳤어요. 아나키스트 철학은 모든 정부가 해체되어야 하고, 사회는 자발적 협력을 중심으로 조직되어야 한다고 주장해요.

골드만은 러시아에서 태어났어요. 16세에 중매결혼을 피하고, 자유를 추구하기 위해 미국으로 갔어요. 1886년, 골드만은 헤이마켓 사건*에 크게 충격을 받았어요. 헤이마켓 사건은 시카고에서 파업 시위 중 누군가가 폭탄을 던졌는데, 여덟 명의 아나키스트 노동자가 그 폭탄을 던진 사람으로 억울하게 기소되어 이들 중 네 명이 처형된 사건이에요. 이 사건을 계기로 골드만은 평생 아나키즘에 헌신하게 되었어요. 대중 연설을 시작하면서, 골드만은 자신의 말이 많은 사람에게 영감을 준다는 것을 알게 되었어요. 1901년 9월에 윌리엄 매킨리 미국 대통령이 총에 맞아 사망하는 일이 있었어요. 범인인 리언 촐고츠는 골드만의 강의를 듣고 그 말에 따라서 '총을 쏘았다고' 했어요. 그것 때문에 그녀는 잠시 체포되기도 했어요.

골드만은 1910년에 『저주받은 아나키즘』에서 자기 생각을 자세히 설명했어요. 아나키즘은 정부가 가진 국가 권력과 대기업, 종교 단체 등이 가진 사회적 권력이 사람들을 억압하기 때문에 그것들이 전부 없어져야 한다는 신념을 중심으로 만들어진 정치 운동이에요. 국가의 법 집행과 근로 조건보다 개인의 선택을 우선시하는 사회를 이루자는 것이죠. 아나키즘에는 규칙은 있지만, 통치자는 없어요.

골드만은 자신의 생각을 열정적으로 믿었고 여러 나라를 여행하거나 아나키즘에 관한 강의를 하면서 일생을 보냈어요.

에인 랜드
1905년 2월 2일 – 1982년 3월 6일

> " 문제는 누가 나를 허락할 것인가가 아니라 누가 나를 막을 것인가입니다. "

에인 랜드는 러시아 상트페테르부르크에서 태어났고, 페트로그라드 대학에서 역사와 철학을 공부했어요. 랜드는 1926년, 할리우드의 시나리오 작가가 되기 위해 미국으로 갔어요. 랜드는 정치적 행동주의, 후에 인기 소설인 『파운틴헤드』와 『아틀라스』 그리고 수필 모음집을 통해, 객관주의라는 철학적 체계를 발전시켰어요.

객관주의는 어떤 것들이 진실이라고 주장해요. 현실은 우리 의식 밖에 존재한다는 것, 감각은 우리가 현실과 직접 접촉하게 한다는 것, 그리고 이성이 지식을 얻는 유일한 방법이라는 것들을요.

랜드는 우리 삶의 진정한 목적은 우리 자신의 행복을 추구하는 것이라고도 주장했어요. 랜드의 말에 의하면 다른 사람을 돌보는 것은 우리의 도덕적 의무가 아니에요. 객관주의는 이기적인 것이 이성적인 행동이며, 집단적 권리보다 개인의 권리가 더 중요하다고 주장해요. 이렇게 개인에게 집중했던 랜드는 미국의 보수주의자들과 자유주의자들에게 큰 영향을 주었어요.

랜드는 러시아 공산주의의 삶에 반응해서 자아 철학의 근원을 이루었어요. 소설 『우리, 살아 있는 자들』에서 랜드는 이렇게 썼어요. '인간은 국가를 위해 존재해야 한다는 공산주의 원칙을 처음 들었을 때…… 나는 이 원칙이 악이며 악 외에는 그 어느 것에도 이를 수 없음을…… 깨달았습니다.' 하지만 랜드를 반대하는 많은 사람은 사리사욕에 기반한 사회에서는 탐욕과 불평등이 번성할 수 있고 가장 취약한 사람들이 보호받지 못한다고 주장해요.

* 에인 랜드는 필명으로, 본명은 알리사 로젠바움(Alisa Zinov'yevna Rosenbaum)이다. – 편집자 주

해나 아렌트

1906년 10월 14일 - 1975년 12월 4일

> "슬픈 사실은 대부분 악이
> 선이냐 악이냐를 결정하지 않은 사람들에 의해 행해진다는 것입니다."

해나 아렌트는 유대인 철학자이자 정치 이론가예요. 독일에서 태어났지만 후에 미국에서 살았어요. 아렌트의 책들은 널리 찬사를 받았지만 많은 논란을 일으키기도 했어요. 1951년에는 국가가 사회를 완전히 통제하는 정부 체제인 전체주의에 관한 책, 『전체주의의 기원』을 썼어요. 하지만 1963년에 나치 전범인 아돌프 아이히만의 재판에 관해 쓴 글로 사람들을 깜짝 놀라게 하고 거센 비판을 받았어요.

아이히만은 유대인들을 강제 수용소로 보내는 데 관여했던 독일 나치였어요. 아렌트는 이런 아이히만의 행동을 '악의 평범성'의 예로 묘사했어요. 평범한 일상을 보내는 일이 어떻게 악한 행동이 될 수 있는지 설명하는 것이 바로 '악의 평범성'이에요. 아이히만은 도덕적 판단을 상실한 채 행동했을 뿐, 명령을 따르는 평범한 사람이었다는 거예요. 그처럼 우리도 일상 속에서 손쉽게 악을 행할 계기를 마주하게 되는데, 그 상황에서 악을 멈추게 할 방법은 끊임없이 '생각'하는 것뿐이라고 이야기했어요. 하지만 이 때문에 아렌트는 홀로코스트의 희생자들에 대한 동정심이 부족하다는 비난을 들었어요. 살해 위협까지 받았고요. 그 글은 여전히 열띤 논쟁 대상이 되고 있어요.

나치가 집권하는 동안, 아렌트는 게슈타포에 의해 잠시 구속되어 프랑스 남부의 수용소에 갇혔어요. 또한 아렌트는 홀로코스트로부터 몇천 명의 아이들을 구한 단체와 함께 일하기도 했어요.

아렌트는 나치즘의 끔찍한 폭력을 재해석하려는 시도로 사람들의 분노를 일으켰어요. 하지만 아렌트는 『예루살렘의 아이히만』에서 몇백만 명의 사람들을 죽인 아이히만을 교수형에 처해야 한다는 의견에 동의한다고 말했어요.

시몬 드 보부아르

1908년 1월 9일 – 1986년 4월 14일

> " 여성은 태어나는 것이 아니라 만들어집니다. "

시몬 드 보부아르는 유명한 지식인이었어요. 작가이자 페미니스트이며 철학자이자 정치 운동가, 그리고 사회 이론가였어요.

보부아르는 프랑스 파리에서 태어나 교육적인 가정에서 자란, 아주 똑똑한 아이였어요. 보부아르의 아버지는 "시몬은 남자처럼 생각한답니다!"라고 외치곤 했어요. 이 말은 나중에 보부아르가 해체해야 할 성 고정관념이기도 했어요.

보부아르는 소르본 대학에서 수학과 철학을 공부하고 1928년에 교수 자격을 획득했어요. 학생 때는 나중에 실존주의자로 알려지는 젊은 철학자 그룹에서 두각을 나타냈어요. 실존주의자들은 인간에게는 타고난 본질이나 이뤄야 할 목적이 없기 때문에 개인은 각자의 선택과 행동을 통해 자신의 삶을 자유롭게 결정해 나갈 수 있다고 생각했어요.

보부아르는 1949년에 그녀의 책 중 가장 유명한 책인 『제2의 성』을 출판했어요. 엄청난 영향력을 발휘한 이 책에서 보부아르는 여성들이 몇 세기 동안 파괴적인 사상에 억압을 받아 왔다며 목소리를 냈어요. 그 사상은 바로 여성이 그동안 '제2의 성'으로 살아왔다는 것이었어요. '제1의 성'인 남성은 독립적으로 존재할 수 있는 인간이지만 여성은 남성과의 관계 속에서만 존재할 수 있는 '타자'에 불과했어요. 남성은 주체적이고 절대적인 존재, 여성은 수동적이고 의존적인 존재로 인식되어 왔기 때문에 여성의 정체성이 왜곡되었다고 했지요.

보부아르의 연구는 전 세계적으로 여성의 평등을 위해 계속된 투쟁에 지속적이며 중대한 영향을 주었어요.

프란츠 파농

1925년 7월 20일 – 1961년 12월 6일

> " 중요한 것은 세상을 아는 것이 아니라 바꾸는 것입니다. "

파농은 아프리카계 카리브인으로 프랑스의 식민지인 마르티니크*에서 태어났어요. 파농은 철학자이자 정신과 의사이며 작가였고, 훈장까지 받은 전쟁 영웅이었어요. 파농은 식민지 사람을 열등한 존재로 여겼던 사회에서 자랐어요. 하지만 식민지화와 인종 차별에 맞서 분석하고, 글을 쓰고, 싸우면서 짧은 생애를 보냈어요.

파농은 열여덟 살 때 마르티니크를 떠났어요. 그러고는 제2차 세계 대전(1939-1945)에 참전해 나치에 맞서 싸웠어요. 전쟁에서 부상을 입었고, 그 용기에 대해 무공 십자 훈장을 받았지요. 하지만 전쟁 중에 백인 동료 병사들로부터 온갖 인종 차별을 당했어요. 1945년에 파농은 마르티니크로 돌아와 학업을 마쳤어요. 그런 뒤 프랑스로 가서 정신 의학과 의학을 공부했어요. 파농은 이 시기에 첫 번째 책인 『검은 피부, 하얀 가면』을 출판했어요. 이 책에서 식민지화와 인종 차별이 흑인들에게 미치는 부정적인 심리의 영향을 탐구했어요.

그 후에 파농은 또 다른 프랑스 식민지였던 북아프리카 알제리로 이주했어요. 그리고 정부를 무너뜨리고 알제리의 독립을 선언한 알제리 민족해방전선의 대변인이 되었어요. 프랑스 정부는 자유를 향한 시도에 대해 매우 잔인하게 대응했어요. 파농은 이 투쟁에 참여함으로써 매우 영향력 있는 책인 『대지의 저주받은 사람들』을 쓰게 되었어요. 이 책에서 그는 식민지인들이 자유를 얻기 위해 혁명적 폭력을 사용할 권리가 있다고 옹호했어요.

파농은 겨우 36세에 병으로 세상을 떠났어요. 하지만 파농의 업적은 계속해서 광범위하게 영향을 미치며, 전 세계의 혁신적 정치 운동에 영감을 주고 있어요.

* 마르티니크 – 서인도 제도 동부에 위치한 화산섬으로 1635년에 프랑스령이 됨.

뤼스 이리가레

1930년 5월 3일 -

> " 모든 욕망은 광기와 관련이 있습니다. "

뤼스 이리가레는 벨기에의 철학자이자 언어학자이며 페미니스트인 정신 분석학자예요. 이리가레는 벨기에에서 공부하고 교사로 일한 후, 철학과 언어학을 공부하기 위해 파리로 갔어요. 이 시기에는 정신 분석가로 훈련받고 연구를 했어요. 이리가레는 유명한 책인 『검경』(1974)과 『하나가 아닌 성』(1977)을 썼어요. 두 책은 관심사와 지식을 독특하게 조합한 책이에요. 이리가레는 이 책들에서 여성과 관련하여 언어가 어떻게 잘못 사용되고 있는지, 여성이 어떻게 개인이 아닌 상품으로 자주 언급되고 취급되는지에 초점을 맞추었어요.

『검경』에서 이리가레는 정신 분석가가 의뢰인을 분석하듯이, 서양 철학과 심리학의 역사를 분석했어요. 이 방식으로 역사의 무의식을 끌어내고, 포함된 것뿐 아니라 포함되지 않은 것에도 주목했어요. 그 과정에서 이리가레는 서구 문화에 기록된 보편적 주체(의식적 자아)가 사실 보편적이지도 중립적이지도 않고 남성적이라는 점을 확인했어요. 그리고 그 사실이 여성을 억압하고 여성을 부정해 왔다고 생각했어요. 이리가레는 이것을 남성만을 가치 있게 여기고 섬기는 '남근 중심주의'라고 설명했어요.

이 사상은 많은 논란을 불러왔고, 책이 출판되자 이리가레는 프랑스의 유명한 기관 두 곳의 교수직에서 해고되었어요. 하지만 이리가레는 이에 굴하지 않고 연구를 계속했어요. 그리고 사람들에게 문화가 두 성 모두에게 정의로울 수 있는 세상에 관해서 설명했지요.

에이드리언 파이퍼

1948년 9월 20일 -

 나는 흑인입니다. 그래서 어떻게 할 것입니까?

파이퍼는 독일 베를린에 사는 미국의 예술가이자 철학자예요. 1987년에는 철학 교수로서 종신 재직권을 보장받은 최초의 아프리카계 미국인 여성이 되었어요.

파이퍼는 예술과 철학 두 분야에서 모두 타자성, 배제 및 인종 차별에 대한 개념을 논의했어요. 1981년에 파이퍼는 「이념, 대립 그리고 정치적 자기 인식」이라는 논문을 썼어요. 이 논문에서 사람들이 스스로를 생각하거나 정의하는 방법을 강화하기 위해 어떻게 특정 신념을 고수하는지 조사했어요. 파이퍼의 이론에 따르면 시간이 지나면서 이 신념들은 시험을 받게 돼요. 하지만 도전하지 않는 신념은 우리가 다른 사람들을 억압하도록 이끌 가능성이 크다고 했어요. 파이퍼는 자신의 작품이 조금이라도 독자의 신념을 의심하게 만든다면, 그 자체를 '대성공'으로 여기겠다고 말하면서 논문을 마무리했어요.

파이퍼는 개념 미술*을 하는 예술가로서 자기 생각을 탐구하기 위해 그림, 공연, 설치, 콜라주, 사진 다큐멘터리와 음향 작업을 이용했어요. 파이퍼는 피부색이 밝은 흑인 여성이었어요. 그래서 한 공연 시리즈에서는 파이퍼를 백인으로 착각해 인종 차별적 발언을 한 사람들에게 본인은 흑인이며, 당신의 인종 차별적 태도가 어떠했는지 적힌 작은 명함 카드를 건네주었어요. 그리고 대립적인 연속 공연인 「신화적 존재(1972-1981)」에서는 흑인 남성 복장을 하고 사람들로 붐비는 뉴욕 거리를 걸으며, 행인들에게 인종, 성별, 계급에 따라 자신을 분류해 달라고 요청했어요.

파이퍼는 자신의 연구 목표 중 하나가 사람들이 각자의 인종 차별적 견해에 맞서도록 돕는 것이라고 말했어요.

* 개념 미술 – 완성된 작품보다 그 작품이 탄생하는 과정과 아이디어에 초점을 맞추는 미술.

자밀라 히베이루

1980년 8월 1일 -

> " 발언할 권리를 갖는 것은 인류에 대한 권리를 갖고 있다는 것입니다. "

자밀라 히베이루는 브라질의 철학자이자 학자이며 페미니스트인 활동가예요. 2015년에 상파울루 연방 대학교 철학과를 졸업했고 그곳에서 연구를 이어 가고 있어요. 2016년에 히베이루는 상파울루시 인권부 보좌관으로 임명되었어요.

흑인 페미니스트로서, 히베이루는 교차성을 인식하는 것이 중요하다고 강조해요. 한 개인은 젠더, 인종, 계급과 같이 다양한 정체성을 가지고 있고, 어떤 위치에 있느냐에 따라 하나 이상의 차별에 의한 영향을 받게 된다는 거예요. 교차성은 이러한 형태의 차별을 인식하는 이론이에요. 히베이루의 주장처럼, 흑인 여성은 성차별과 인종 차별을 동시에 겪을 수 있어요. 따라서 '보편적' 페미니즘이 모든 여성을 대변할 수는 없어요.

활발히 활동하는 연설가이자 작가인 히베이루는 온라인 저널리스트이자 블로거이기도 해요. 히베이루는 흑인 여성들이 '헤게모니 미디어'의 인종 차별을 타파하는 도구로 인터넷을 사용하는 것이 중요하다고 여겨요. 헤게모니는 한 국가나 한 사회 집단이 다른 국가나 집단을 지배하는 것을 의미해요. 다만, 이 지배는 폭력이나 강압에 의한 게 아니라 문화적 영향력이나 법, 제도 등을 통해 교묘하게 이루어져요. 따라서 히베이루는 텔레비전, 라디오, 신문 등 권위를 가진 미디어를 통해 인종 차별이 행해진다면 그 권위를 깨트리기 위해 인터넷을 활용하자고 말해요.

히베이루는 정부가 다양성을 고려하도록 유도하기 위해 교차성에 대해 인식하라고 요구했어요. 더 인간적인 사회는 억압받는 사람들의 목소리에 귀를 기울이고 어떤 정체성을 가진 사람이든지 모두 동등한 구성원으로 포함되어 있는 사회니까요. 히베이루는 모든 사람에게 더 공정한 세상을 만들기 위해 함께 노력하자고 말해요.

용어 설명

게슈타포 – 1933년부터 1945년까지 활동했던 나치 독일의 비밀경찰. 나치에게 위협이 된다고 여겼던 사람들을 살해하고 감금한 것에 책임이 있음.

계몽주의 – 17세기 후반에서 18세기에 유럽에서 있었던 지적 운동. 전통보다 이성에 초점을 맞춤.

고전주의 – 고대 그리스와 고대 로마의 예술 사조.

관념론 – 높은 원칙과 목표를 갖고 추구하는 것.

나치즘 – 1920년에서 1945년 사이에 있었던 독일의 나치와 관련된 사상과 관행. 인종주의적 또는 권위주의적 견해나 행동을 보임.

낭만주의 – 상상력, 영감과 본성을 중시한 18세기 후반의 철학적, 예술적, 문학적 운동.

논란 – 열띤 토론과 의견 충돌을 많이 일으키는 상황.

도덕성 – 옳고 그름에 관한 판단과 관련된 개인적이거나 사회적인 원칙.

독재 – 특정한 개인, 단체, 계급, 당파 따위가 어떤 분야에서 모든 권력을 쥐고 일을 마음대로 처리하고 지배함.

등에 – 말파리처럼 동물을 무는 파리. 또한, 생각이나 행동을 더 유발하기 위해 다른 사람을 괴롭히는 사람을 묘사하는 데 사용됨.

무의식 – 개인이 직접 알 수 없거나 개인의 통제 범위 안에 있지 않으며 개인의 생각과 행동에 영향을 주는, 사상과 감정을 포함하는 마음의 한 부분.

미덕 – 뛰어난 도덕 기준을 가지고 그 기준대로 행동하는 정신의 일부.

민주주의 – 선거에서 구성원들에게 가장 많은 표를 받는 것을 기준으로 누가 통치할지를 결정하는 체제.

불경죄 – 종교적 존경심의 결여.

서설 – 특정 사회적 맥락에서 글이나 말로 사상을 전달하는 것.

식민지화 – 한 국가나 주에서 온 사람들이 새로운 장소에 도착하여 그 지역과 그곳에 사는 사람들을 강제로 통제하는 일.

신플라톤주의 – 플라톤의 책에서 영감을 받은 철학의 한 분야로, 기원전 3세기 플로티노스에 의해 시작됨. 모든 존재가 '일자'라는 단일 원리로부터 파생되었다고 여김.

실존주의 – 인간 존재의 경험과 관련된 철학적 접근으로, 개인의 자유가 전부이고 진부한 도덕성이 폐기되어야 한다고 주장함.

심리학 – 정신과 그 기능이 행동에 어떤 영향을 미치는지에 대한 과학적 연구.

심오 – 강렬하며, 영향력과 의미가 있음.

아나키즘 – 국가의 법 집행보다 자발적인 협력을 믿는 정치 철학.

언어학 – 구문, 문법과 음성학을 포함하는 언어에 관한 과학적 연구.

윤리 – 개인이 어떻게 행동하는지 결정하는 옳고 그름에 대한 개인적인 감각. 또한, 이런 도덕적 원칙을 다루는 지식의 한 분야.

의식 – 인식의 상태로 지각을 허용하는 뇌의 상태.

자유주의 – 개인의 자유를 기본으로 지지하고 국가의 개입에 반대하는 정치 철학.

전체주의 – 개인 삶의 모든 측면에 대한 절대적인 통제를 요구하는 정부 체제.

전통 – 일상적이고 수용 가능한 것에 대해 일반적으로 받아들여지는 사상에 동조하는 일.

젠더 – 여성과 남성에 대한 사회적으로 구성된 생각의 집합. 여성과 남성의 생물학적 특성인 성과는 다름.

추론 – 어떠한 판단을 근거로 삼아 다른 판단을 이끌어 내는 것.

합리주의 – 현실은 경험을 통해서라기보다는 이성만을 통해 이해될 수 있다는 논리를 가지며, 생각과 행동이 감정이나 종교적 교리가 아니라 이성에 기반한다는 철학.

허무주의 – 삶이 의미, 가치나 목적이 전혀 없는 것으로 여기는 철학.

변증법 – 두 반대 의견을 가진 사람들 간의 이성적인 논쟁을 통해서 진리를 발견하기 위해 이루어지는 의견 교환 방법.

헴록 – 매우 독성이 강한 식물.

형이상학 – 존재, 정체성, 앎과 시간과 같은 추상적 개념을 다루는 철학 분야.

홀로코스트 – 제2차 세계 대전 동안 일어난 대량 학살로, 약 6백만 명의 유대인이 나치에 의해 살해된 일을 칭함. 이 용어는 '핵 홀로코스트'처럼 다른 대량 학살 사건들을 언급하는 데 사용될 수도 있음.

찾아보기

가르기 바차크나비 6, 7
객관주의 32
『검경』 40
『검은 피부, 하얀 가면』 38
게오르크 빌헬름 프리드리히 헤겔 24, 25
계몽 20
공산주의 24, 32
『공산주의 선언』 24
공자 8, 9
교육 8, 12, 22
교차성 44
『국가』 10, 12
그리스 10, 12, 16
기독교 20, 26, 28

나치즘 28, 34
낭만주의 24
『논어』 8
『니코마코스 윤리학』 14

다섯 가지 원소 14
『대지의 저주받은 사람들』 38
덴마크 26
독일 20, 24, 28, 34, 42
독일 관념론 24

러시아 30, 32
뤼스 이리가레 40, 41
르네 데카르트 18, 19
『리그베다』 6

마르티니크 38
마케도니아 14
메리 울스턴크래프트 22, 23

미국 22, 30, 32, 34, 42
미덕 14

방법적 회의 18
『방법서설』 18
벨기에 40
변증법 24
브라질 44

성차별 44
소크라테스 10, 11, 12
소크라테스의 문답법 10
쇠렌 키르케고르 26-27
『순수이성비판』 20
시몬 드 보부아르 36, 37
식민지화 38
신플라톤주의 16
실존주의 26, 36

아나키즘 30
아돌프 아이히만 34
아리스토텔레스 14, 15, 16
알제리 38
에이드리언 파이퍼 42, 43
에인 랜드 32, 33
여성 투표권 22
『여성의 권리 옹호』 22
영국 22
『예루살렘의 아이히만』 34
옘마 골드만 30, 31
『우리, 살아 있는 자들』 32
유대인 34
이마누엘 칸트 20, 21, 24
이집트 16

인(仁) 8
인도 6
인종 차별 38, 42, 44

자나카 왕 6
자밀라 히베이루 44, 45
자신의 행복을 추구하는 것 32
『저주받은 아나키즘』 30
『정신현상학』 24
정언 명령 20
『제2의 성』 36
중국 8

『차라투스트라는 이렇게 말했다』 28

카를 마르크스 24

페미니스트 22, 36, 40, 44
프란츠 파농 38-39
프랑스 18, 22, 34, 36, 38, 40
프리드리히 니체 28, 29
프리드리히 엥겔스 24
플라톤 12, 14, 16
플로티노스 16

합리주의 18
해나 아렌트 34, 35
형이상학 14, 18, 20
형태론 12
홀로코스트 34
히파티아 16, 17
힌두교 6